8 Janvier 1894
AB

Vente des Lundi 8 et Mardi 9 Janvier 1894

HOTEL DROUOT, SALLE N° 9

ESTAMPES

ANCIENNES & MODERNES

Imprimées en Noir et en Couleur

DESSINS, TABLEAUX

LIVRES ET RECUEILS

GRAVURES EN LOTS

Me Maurice DELESTRE	**M. P. ROBLIN**
Commissaire-Priseur	Marchand d'Estampes
27, RUE DROUOT, 27	65, RUE SAINT-LAZARE, 65

PARIS 1894

Imp. Pairault & Cie, 3, passage Nollet, Paris.

CATALOGUE

D'ESTAMPES

Anciennes & Modernes

Imprimées en Noir et en Couleur

PRINCIPALEMENT DU XVIIIe SIÈCLE

ESTAMPES & DESSINS ENCADRÉS

LIVRES ET RECUEILS

GRAVURES EN LOTS

PIÈCES SUR LES SPORTS, COSTUMES, etc.

TABLEAUX

DONT LA VENTE AUX ENCHÈRES PUBLIQUES AURA LIEU

HOTEL DES COMMISSAIRES-PRISEURS

9, Rue Drouot. — Salle n° 9

Les Lundi 8 et Mardi 9 Janvier 1894

à 2 heures précises

Par le ministère de Me **Maurice DELESTRE,** Commissaire-Priseur,
27, Rue Drouot, 27

Assisté de **M. P. ROBLIN,** Marchand d'Estampes,
65, Rue Saint-Lazare, 65

PARIS — 1894

CONDITIONS DE LA VENTE

Elle sera faite au comptant.

Les Acquéreurs paieront *cinq pour cent* en sus des enchères applicables aux frais.

M. P. ROBLIN se réserve la faculté de rassembler ou de diviser les lots, et se charge de remplir les Commissions des personnes qui ne pourraient assister à la Vente.

ORDRE DES VACATIONS

Lundi 8 janvier,	*Gravures en lots*	Nos	418
— —	*Estampes*	—	57 à 250
— —	*Dessins*	—	8 à 56
— —	*Livres et Recueils*	—	465 à 486
Mardi 9 janvier,	*Gravures en lots,*	—	418
— —	*Estampes*	—	251 à 417
— —	*Estampes et dessins encadrés.*	—	419 à 464
— —	*Tableaux*	—	1 à 7

TABLEAUX

1 — **Bonnemaison**. (G.) Marine. Toile de $0^{m}41$ sur $0^{m}27$.

2 — **Gérard**. (attribué au baron) Jeune mère avec sa fille. Toile de de 1^{m} sur $0^{m}80$.

3 — **Hubert Robert**. Une forge. Toile de $1^{m}13$ sur 1^{m}.

4 — **Orlowski**. (Attribué à) Scènes russes. Cinq peintures sur métal. ....

5 — **Pegot**. (Bernard) Les Pêches, types béarnais (Ariège), 1888. Toile $1^{m}07$ sur $0^{m}78$. ....

6 — **Pegot**. (Bernard) Nature morte. Pastel, $0^{m}65$ sur $0^{m}44$. ..

7 — **Véron**. (A.-R.) Vue de Boulogne-sur-Mer. Toile de $0^{m}91$ sur $0^{m}59$. Cadre en bois sculpté. ....

DESSINS

8 — **Anonyme**. Vue du Pont Royal. Prise de la berge du quai d'Orsay. Mine de plomb. ....

9 — **Auvrest**. *Louis XIV*, *Maréchal de Saxe*, *Frédéric-le-Grand*, *Louis XVI*, *Louis XVIII*. Sept dessins à la plume. ....

10 — **Bélanger**. Cérémonie des onctions ; Cérémonie des offrandes ; Serment du roi, trois pièces ; Pour le Sacre de Louis XVI, 1775. A la plume et au lavis d'encre de Chine.

11 — **Bernard**. *Marie-Antoinette*, *Louis XIV*, Cartouches, Almanach, Emblèmes. Douze dessins calligraphiques.

12 — **Bonington**. Campement d'Ecossais. Aquarelle, signée R. P. B. ....

13 — **Boucher**. (Attribué à Fr.). Vénus et Amours. Sanguine. ....

14 — **C. F.** Marines. Paysages, Costumes, Etudes d'animaux. Vingt-huit pièces à la mine de plomb et à l'aquarelle. ..

15 — **Carême**. Bacchanale. A la plume et au lavis d'encre de Chine. ....

16 — **Costumes militaires**. Lancier du premier Empire. — Gendarme d'élite en grande tenue. — Dragon en grande tenue. — Trompette de dragons. — Soldat du train. — Chasseur de la garde. — Marin de la garde. Sept pièces à l'aquarelle. ....

17 — **Costumes militaires**, par ou d'après Th. Fort, Charlet, Raffet et autres. Seize pièces. ....

18 — **Delarue**. La Comète. Composition à l'aquarelle, en forme d'abat-jour. ....

19 — **Denis**. (J.-J.) Napoléon Ier, empereur, en costume de cour, 1810. Plume et lavis d'encre de Chine, signé. ......

20 — **Desfriches**. Vues des environs d'Orléans. Trois pièces à la mine de plomb, signées. ....

21 — **Desrais**. Sujets à la plume et au lavis de bistre, pour Geneviève de Brabant. Quatre pièces. ....

22 — **Divers.** Trois dessins par Boilly, Taunay et autre. Mine de plomb et aquarelle....................

23 — **Doré.** (Gustave) Bal travesti. Mine de plomb, rehaussé de gouache....................

24 — **École française du XVIIe siècle.** *Pierre Jurieu*, fameux protestant et ministre à Sedan, 1637, à l'encre de Chine....................

25 — **École française du XVIIIe siècle.** Portrait d'homme au crayon noir, rehaussé de gouache.

26 — Scène dans un parc, plume et lavis d'encre de Chine.

27 — Études et croquis. Dix pièces....................

28 — Par ou d'après Lélu, Coypel, Parizeau, Boucher et autres Vingt-quatre pièces....................

29 — **École moderne**, par ou d'après Nap. Thomas, Trimolet, J. Kobell, Hubert, Duplessis-Bertaux, Bonington, Cambos et autres. Trente-quatre pièces....................

30 — Croquis, études, paysages, portraits, environ trois cents pièces ~~(sera divisé)~~....................

31 — **Fragonard.** (Honoré) Paysage avec terrasse, au lavis de bistre....................

32 — **Isabey ?** Le baron Larrey, chirurgien de Napoléon Ier à la sépia....................

33 — **Jean.** (B.) Le desjarretazo. (Escrime à la Navaja.) A la plume. Signé....................

34 — **Johannot.** (Alfred) Bonaparte et Kléber en Egypte. Mine de plomb (a été gravé).

35 — **Johannot.** (Tony) Une lecture. -- La fiancée de Lammermoor. Deux aquarelles. . . . .

36 — **Lalaisse.** Chevaux à la porte du maréchal-ferrant. Esquisse, signée.

37 — **Largillière.** (d'après) *Voltaire* jeune. Médaillon in 8 à la mine de plomb.

38 — **La Rue.** Sacrifice devant un temple. Plume et lavis de bistre. Signé.

39 — **La Seigne.** *Voltaire* âgé. Aquarelle signée.

40 — **Le Barbier.** (attribué à) Culs-de-lampe, au lavis de bistre, pour les œuvres de Gessner. Quatre pièces. . . . . . .

41 — **Le Moyne.** (Fr.) Apollon et les Muses. Etude de plafond, à la plume, rehaussée de gouache. . . . .

42 — **Malbeste.** (G.) La Crainte. Étude au crayon noir. . . .

43 — **Marillier.** Composition in-4, à la plume et au lavis de bistre pour les œuvres de Crébillon. . . . .

44 — **Miniature.** Pater noster, Ave Maria, Credo, feuille in-folio en caractères gothiques, rehaussés d'or, sur parchemin. . . . .

45 — **Miniatures Hindoues.** Portraits de Nababs, guerriers, trois pièces, rehaussées d'or. . . . .

46 — **Modes et Costumes.** Vingt-deux dessins à la mine de plomb et à l'aquarelle. . . . .

47 — **Moitte.** (P) Projet de médaille, Mausolés. Trois pièces à la plume et à la sépia. . . . .

48 — **Monnet.** (Charles) Concert dans un parc. A la plume et à la sépia. . . . .

49 — **Nanteuil**. (Célestin) Paysages. — Etudes. Au crayon noir, rehaussés de gouache. Quatre pièces. . . . .

50 — **Philippoteaux**. Six compositions à la mine de plomb et au lavis d'encre de Chine, pour les œuvres de Fenimore Cooper et Chateaubriant. . . . .

51 — **Philippoteaux**. Quatorze compositions in-8° à la mine de plomb et au lavis d'encre de Chine, pour divers romans. . . . .

52 — **Pierre**. (J.-B.) Etude pour Saint Nicolas, à la sanguine, on y a joint l'estampe. . . . .

53 — **Robert**. (Hubert) Paysages, ruines. Trois pièces à la sanguine et à l'aquarelle. . . . .

54 — **Saint-Aubin**. (Aug. de) Portrait de jeune garçon. A la mine de plomb et à l'aquarelle. . . . .

55 — **Swebach**. Costumes Russes, 1820. Quatre dessins au lavis de bistre. . . . .

56 — **Thomas**. (Napoléon) Louis XVI et son fils dans la tour du Temple. Crayon noir. . . . .

ESTAMPES

ALIBERT (A Paris. chez)

57 — Le Sommeil interrompu, belle épreuve à toute marge. . . . .

ALIX (P.-M.)

58 — *Charlotte Corday*, (Marie-Anne) ovale en couleur, belle épreuve.

59 — *La Bruyère*. — *La Fontaine*. (Jean de) deux portraits en couleur, très belles épreuves avant la lettre, grandes marges. . . . .

60 — *Mably*. — *Montesquieu*, deux portraits en couleur, grandes marges. . . .

ANONYME

61 — Le véritable portrait de *Cartouche*, tiré d'après nature étant dans les cachots. In-4 en largeur, rare. 3,,

AUBERT (A Paris, chez)

62 — Un quart-d'heure de récréation au Mexique, belle épreuve. 1,,

AUBRY (d'après Et.)

63 — L'Abus de la Crédulité, par N. de Launay, épreuve avec marges. . . 2,,

64 — La Bergère des Alpes, par Le Veau, très belle épreuve avant la lettre, en feuille. 21,,

65 — La même estampe, superbe épreuve à l'eau-forte pure, grandes marges. 16,,

66 — L'heureuse nouvelle, par J.-B. Simonet, belle épreuve à grandes marges. 7.50

67 — La reconnaissance de Fonrose, par R. de Launay, belle épreuve, marges. 5,50

AUDINET

68 — *Cléry*, (J.-B.) dernier serviteur de Louis XVI, d'après Danloux, très belle épreuve à toute marge. 1,50

AUDOUIN (P.)

69 — *Duc de Berry.* — *Comte d'Artois.* — *Henri IV.* — *Louis XVI.* — *Duc d'Angoulême*, six portraits, belles épreuves dont trois avant la lettre ou à l'eau-forte pure. 3,50

70 — Une vestale, d'après Raoux, épreuve avant la lettre, marges. 2,,

AUDRAN, BALECHOU, BERVIC, CHEREAU

71 — *J.-B, Bignon*, abbé de Saint-Quentin. — *H. de Beringhem.* — *Prince d'Orange.* — *J.-J. Grillot.* — *Ch. Rollin.* — *J.-B.-L. Picon.* — *Sénac de Meilhan.* — *L. de Boullongne*, huit portraits. 13,,

BAQUOY (P.)

72 — Figure in-4 pour l'Enéide, d'après Moreau le Jeune, cinq épreuves avant la lettre et à l'eau-forte pure, en feuilles.

BAQUOY (P.)

73 — Scène d'Esther, d'après de Lairesse, sept épreuves avant la lettre et à l'eau-forte pure.

BARRE (d'après J.-J.)

74 — La famille royale d'Orléans, médaillons par Collas, quatorze pièces. 3,,

BARTOLOZZI (F.)

75 — Nymphes au bain, d'après Picot et Cipriani, belle épreuve. 8,,

BATTONI (d'après P.)

76 — Vénus qui caresse l'Amour, par Porporati, belle épreuve. 5,,

BAUDOUIN (d'après P. A.)

77 — Les amants surpris, par P. P. Choffart (E. B. 3); belle épreuve, marges. 17,,

78 — Les amours champêtres, par Harleston; belle épreuve à toute marge. 15,,

79 — Le Catéchisme. — Le Confessionnal, deux pièces faisant pendants, gravées par Moitte (12 et 15); belles épreuves. 26,,

80 — Le fruit de l'amour secret, par Voyez le jeune (23); très belle épreuve, marges. 27,,

81 — La rencontre dangereuse, par Le Veau (40); très belle épreuve grandes marges. 14,,

82 — Les amours champêtres. — Les amants surpris. — Le midi. — Le soir. — La nuit. Cinq pièces. 19,,

BAUDOUIN (S. R. comte de

83 — *L. A. de Gontaut, duc de Biron*; belle épreuve. 1,,

BAZIN (d'après P.)

84 — Anecdote du jour. (Louis XVI faisant l'aumône). Belle épreuve, toutes marges. 1,50

BEAUVARLET

85 — Les enfants du comte d'Artois, d'après Drouais; très belle épreuve, toute marge. 26,,

BEMME (J.)

86 — Convoi en marche. — Sortie d'une caserne. Deux pièces d'après D. Langendyk ; belles épreuves. ....

BERTAUX (d'après)

87 — Le Charlatan allemand, par Helman ; très belle épreuve avant la lettre, grandes marges. ....

BINET (d'après)

88 — Le chasseur. — Le plaisir de la pêche. — La nourrice élégante. — La solitude agréable. Suite de quatre pièces, belles épreuves à toutes marges. ....

BLONDEL (à Paris chez)

89 — Les petits comédiens. Suite de cinq pièces en forme d'écrans ; très belles épreuves. ....

BOILLY (d'après L.)

90 — Le chien chéri, par Mathias ; épreuve avec marges. ....

91 — Suite de la douce impression de l'Harmonie, par Wolff ; belle épreuve. ....

BOILVIN (Emile)

92 — Janotus de Bragniardo réclamant les cloches à Gargantua ; grand in-8, 1868 (H. B. 1) ; belle épreuve avant la lettre, sur papier de Chine. ....

BOISFREMONT (d'après de)

93 — A la mémoire de P. P. Prud'hon, par Soinard ; belle épreuve avant la lettre, toute marge. ....

BOISSIEU (de)

94 — Pie VII à Lyon. — Les comédiens ambulants. — Paysages. Huit pièces. ....

BONNET

95 — *Madame la comtesse du Barry ;* très belle épreuve en couleur, marges. ....

BONINGTON, DELAROCHE, EUG. LAMI

96 — The lithographic album of sir Walter Scott's readers, or twelve sketches by the following distinguisted artists. *London by Colnaghi,* 1829 ; très belles épreuves sur papier de Chine, à toutes marges. ...

BOREL (d'après A.)

97 — L'Amour désarmé, par Avril; superbe épreuve avant toute lettre et avant la draperie, toutes marges..........

98 — Le don intéressé, par Voysard ; belle épreuve..........

99 — L'Indiscret, par Dequevauviller ; très belle épreuve à l'eau-forte pure, marges..........

100 — L'Innocence en danger. — Le voilà fait, par Huot, deux pièces faisant pendants ; très belles épreuves à toutes marges..........

101 — Le Mariage conclu. — Le Mariage rompu, par R. de Launay, deux pièces faisant pendants ; belles épreuves à toutes marges..........

BOSSE (d'après Abraham)

102 — L'Enfant prodigue. — Le Sculpteur. — Le Chaudeau. — L'Hiver, et autre ; cinq pièces, belles épreuves..........

BOUCHARDON (d'après Edme)

103 — Etudes prises dans le bas peuple, ou les cris de Paris. — Livre de diverses figures d'Académie. — Estampes diverses. — Costumes, trente-cinq pièces..........

BOUCHER (Fr.), **VANLOO** (C.)

104 — La chasse au tigre. — La chasse à l'ours ; deux pièces faisant pendants, épreuves avant la lettre, marges..........

105 — La chasse à l'ours, épreuve à l'eau-forte pure, petites marges....

BOUNIEU (d'après)

106 — Henri IV et Sully après la bataille d'Ivry, par Laurent ; belle épreuve à toute marge..........

BOWLES (Carington)

107 — M. Deputy dumpling and family enjoying a summer afternoon. — A Rich privateer brought fafe into Port, by two first rates ; deux pièces, belles épreuves en couleur..........

108 — Spring. — Winter ; deux pièces, belles épreuves en couleur.....

BRACQUEMOND (F.)

109 — Un buveur, 1869. (H. B. 241) ; très belle épreuve du premier état avant toute lettre. ....

BOYDELL (J.)

110 — Evening. — Morning, deux pièces faisant pendants, d'après J.-S, Miller ; belles épreuves. ....

CALAMATTA

111 — *Françoise de Rimini,* d'après Ary Scheffer; belle épreuve grandes marges. ....

CALLIGRAPHIE

112 — Un portefeuille, contenant environ 150 pièces de modèles d'écriture, cartouches, portraits, emblèmes, etc. ....

CARELSE (Frans)

113 — *Ollivier Cromwell,* à la manière de lavis ; belle épreuve. ....

CARESME (d'après)

114 — Le Satyre impatient, gravé à l'eau-forte pure par A. de Saint-Aubin ; très belle épreuve, grandes marges. ....

CARICATURES

115 — Environ cent pièces, lithographies publiées dans la *Caricature* épreuves en noir et coloriées. ....

CARMONTELLE (d'après L.-C. de)

116 — La malheureuse famille Calas, par Delafosse ; très belle épreuve à toute marge. ....

CATHELIN, DUPIN, DUPONCHEL

117 — *Marie-Antoinette. — Joseph II. — Comte de Provence. — Princesse de Piémont. — Duc de Chartres,* sept portraits, belles épreuves en feuilles ; deux sont avant la lettre. ....

CHARDIN (d'après J.-B.-S.)

118 — La gouvernante. — La mère laborieuse, par Lepicié, deux pièces faisant pendants; belles épreuves, marges. ....

119 — Gravures, eaux-fortes et lithographies ; trente pièces dont deux dessins. ....

CHARDIN (d'après J.-B.-S.)

120 — Six compositions gravées à l'eau-forte par Ch. Jacque ; belles épreuves d'artistes, grandes marges........................ 4,50

CHEVALIER (d'après)

121 — Portraits russes, gravés par Niquet et Malapeau ; vingt pièces en feuilles.. 2,50

CHIFFART

122 — Improvisations sur cuivre. Seize pièces gravées à l'eau-forte; en feuilles.. 7,50

CHOFFARD (P. P.)

123 — Pièce commémorative d'un mariage, 1780 (H. B. 119); très belle épreuve du deuxième état, grandes marges, rare.............. 3,, Mangin.

124 — Le cabinet de Basan (H. B. 589); très belle épreuve en tirage à part, grandes marges.............................. 4,,

CHOFFARD (d'après P. P,)

125 — La muse des beaux-arts met sous la protection de la loi, le Génie, l'Étude et le Commerce, par Tilliard, 1791; deux épreuves en tirage à part, dont une à l'eau-forte pure........................ 7,, Mangin

COCHIN (C. N.)

126 — Bas-reliefs. Sept pièces; en feuilles .... 1,, Damoiseau

COCHIN (d'après C. N.)

127 — Allégorie avec portrait de Louis XV. — Les progrés des études du Roi. — La leçon de géographie. Trois pièces; belles épreuves avant la lettre et à l'eau-forte pure.......................... 15,, Roblin ~~1,, Damoiseau~~

128 — Concours pour le prix de l'étude des têtes et de l'expression. (Portrait de Mlle Clairon) par J. J. Flipart; belle épreuve.......... 5,50.

129 — La soirée, par Gallimard; belle épreuve, grandes marges........ 10,,

130 — La même estampe; très belle épreuve à l'eau-forte pure, marges. 13,, Roblin

131 — Frontispice de l'Encyclopédie. — La Lorraine réunie à la France. — Estampes pour les œuvres de J.-J. Rousseau. Sujets divers; dix-neuf pièces.. 11,,

COLYN (Michiel)

132 — Chronologie des rois de France jusqu'à Louis XIII. Soixante-six portraits sur la même feuille; très belle épreuve, rare.

COSTUMES (pièces sur les)

133 — Costumes militaires, batailles, 1805-1848, portraits. Quarante pièces.

134 — Armée Française. Lithographies de Locilliot, d'après Aubry. Vingt-trois pièces coloriées.

135 — Costumes militaires français en noir et coloriés. Vingt-deux pièces.

136 — Costumes militaires. Scènes, caricatures; dix-huit pièces en noir et coloriées.

137 — Costumes militaires. Lithographies de H. Lecomte; huit pièces coloriées, à toutes marges.

138 — Costumes militaires français, armée d'Orient. Lithographies de V. Adam. Six pièces coloriées; en feuilles.

139 — Costumes militaires étrangers. Trente-neuf pièces coloriées.

140 — Costumes de modes de 1830 à 1855. Quatre-vingts pièces coloriées.

141 — Les métiers, silhouettes fantaisistes dessinées et lithographiées par Gaillet. Vingt-sept pièces.

COYPEL (d'après)

142 — Les aventures de Don Quichotte. Quatorze pièces dont une avant la lettre.

COYPEL, METAY (d'après)

143 — Les saisons. — Les éléments. Huit pièces; belles épreuves.

DAGOTY (Gautier)

144 — Louis XV présentant au Dauphin (Louis XVI) le portrait de Marie-Antoinette. Grande pièce en largeur, gravée à la manière de lavis, très rare.

DANZEL

145 — La famille de Louis XV, d'après Fossier. Deux épreuves dont une avant la lettre.........

DAULLÉ

146 — La Grecque sortant du bain, d'après Vernet; belle épreuve....

DAULLÉ, DREVET, CHEVILLET

147 — *De Sartine.* — *Gauffecourt.* — *Cl. D. Gendron.* — *Louis d'Orléans.* — *Duc de Lorraine.* Six portraits.........

DE BARE (d'après)

148 — Route du monde, par I, Truchy; belle épreuve.........

DEBUCOURT (P.-L.)

149 — L'Orange. — Les Visites, deux pièces faisant pendants : belles épreuves, marges.........

150 — L'Orange ; très belle épreuve avant toutes lettres, grandes marges.........

151 — La Coquette et ses filles, ou une Mère à la mode. — Les Galans surannés, ou les petits papas à la mode, deux pièces faisant pendants ; belles épreuves, marges.........

152 — Les Petits Messsieurs, ou les Adolescents à la mode ; très belle épreuve, grandes marges.........

153 — Huit compositions in-4°, gravées en couleur, pour Héro et Léandre, 1801 ; très belles épreuves en couleur, grandes marges.........

154 — *Louis XVIII*, d'après Bera; belle épreuve, marges.........

DECAMPS

155 — Village en Turquie. Eau-forte 1847 (H. B. 19) ; belle épreuve avant la lettre sur papier de Chine, à toutes marges.........

DELACROIX (Eugène)

156 — Hamlet, acte Ve, scène 1re; belle épreuve sur papier de Chine.

DEMARNE (d'après)

157 — La Promenade du matin. — La Promenade du soir, deux pièces faisant pendants, gravées en couleur, par Alix et Morret ; belles épreuves, à toutes marges.........

DENNEL (A.-F.)

158 — L'Abandon voluptueux. — La Comparaison du bouton de rose, deux pièces faisant pendants, d'après Borel et G. de Saint-Aubin ; belles épreuves.

DENON (Vivant)

159 — Portraits. Sujets gracieux, griffonnis, vingt-trois pièces ; belles épreuves.

DIVERS

160 — *Jeanne d'Arc.* Quatorze portraits et scènes, plusieurs sont en couleur.

161 — *Mme Dugazon.* — *Mlle Van Hove.* — *MM. Vaucher et Loque.* — *Gluck.* — *Comtesse de Beauharnais.* — *J. Chrétien.* — *N. Ricco. Mercier.* Neuf portraits en couleur ; belles épreuves.

162 — *J. d'Heusy.* — *Diderot.* — *Mis de Beringhen.* — *Princes de Condé.* — *Ducis.* — *Prince de Dombes.* — *J. Le Roy.* — *Duhamel de Monceau.* — *Princes de Lorraine et de Bar.* Quatorze portraits.

163 — *Necker.* Quatorze portraits ; belles épreuves, dont une en bistre.

164 — Estampes relatives aux miracles du diacre Paris ; soixante-six pièces.

165 — Sujets gracieux, allégories, attributs ; quarante pièces.

166 — Estampes et Lithographies, par Wischer, Boilly, Et. Delaulne, Alb. Durer, etc. ; vingt-neuf pièces.

DROYER

167 — L'agréable Société. — Le Bosquet dangereux. Deux pièces faisant pendants; belles épreuves, marges.

DUPLESSIS-BERTAUX, ADAM

168 — Répertoire des Comédiens français (Théâtre-Français). — Répertoire des Comédiens du Roi (Odéon). Deux pièces, grandes marges.

DUPLESSIS-BERTAUX

169 — Bienfaisance ingénieuse de Pradère et Elleviou aux Champs-Elysées, (Faits historiques du 5 Messidor, an X), in-4, en largeur; très belle épreuve à l'eau-forte pure, à toutes marges.........

170 — Proclamation de la République romaine. — Assassinat des plénipotentiaires à Rastadt. — Bataille de Castiglione. — Entrée de Louis XVIII. — Batailles, etc. Dix-sept pièces à l'eau-forte pure.

171 — Camées antiques, sujets gracieux. Cinquante-deux pièces en feuilles.

172 — Vie de l'Enfant prodigue. — Batailles et scènes militaires. Trente-six pièces, la plupart à l'eau-forte.........

173 — Vignettes têtes de page, pour les contes de Lafontaine. Quatre-vingt-treize pièces ; épreuves sur papier de Chine, en feuilles. ...

DUTAILLY (d'après)

174 — L'admiration de l'antique. — L'imitation de l'antique, par Prot et Mme Lingée. Deux pièces faisant pendants, épreuves à toutes marges.........

EAUX-FORTES ANCIENNES

175 — D'après Fragonard, Cochin, Germain, Greuze, Boucher et autres. Trente-et-une pièces.........

176 — D'après Pillement, Huet, Rubens, A. Carrache, Monnet, Gerard-Dow et autres. Vingt-neuf pièces.........

EAUX-FORTES MODERNES

177 — Par ou d'après Gaillard, Jacquemart, Waltner, Chaplin, Boilvin, Hobbéma et autres. Vingt-quatre pièces.........

ÉCOLE ANCIENNE

178 — Par ou d'après Guido Reni, Rembrandt, P. de Cortone, B. Picart, Della Bella, A. Carrache et autres. Seize pièces.........

ÉCOLE ANGLAISE

179 — La Bergère des Alpes. — Cléone. — Griselda. — Constancy. — La Précaution. — L'Attention. — Huit pièces en noir et en couleur.........

ÉCOLE FRANÇAISE DU XVIIIe SIÈCLE

180 — Sous ce numéro, il sera vendu par lots, environ huit cents pièces, par ou d'après Fragonard, Chardin, Decamps, Hilaire, Lawreince, Greuze, etc. . . . .

EDELINCK (G.)

181 — *Préville.* D'après Netscher ; très belle épreuve, marges.

EDELINCK, GRIGNION, GAILLARD

182 — *J.-B. de Blye.* — *Pierre Chéron.* — *G. Berbier du Metz.* — *J. Rouillé.* — *Fontenelle.* — *G. Edelinck.* — *Ant. Vallot.* — — *F. de Verthamon.* — *Pichault de la Martinière.* Neuf portraits.

EISEN (d'après Ch.)

183 — L'Été. — L'Hiver, par de Longueil. Deux pièces ; belles épreuves avant toutes lettres, marges. . . . .

ÉVENTAILS

184 — Scènes historiques. — Pièces calligraphiques, Sujets chinois. Six pièces ; très belles épreuves. . . . .

FRAGONARD (Honoré)

185 — L'Armoire, eau-forte ; belle épreuve, sans marges. . . . .

FRAGONARD (d'après)

186 — Jeune femme debout, à la sanguine, par Demarteau ; belle épreuve.

187 — La résistance inutile. — La famille du Fermier. — Les jets d'eau. — Les pétards. — Les plaisirs interrompus. — La Gimblette. — Le Rêve d'amour. Neuf pièces. . . . .

188 — Le verre d'eau. — L'heureuse Famille. — Plafond — Allégories. — Paysages. — Bas-Reliefs, etc. Quarante-cinq pièces. . . . .

FRAGONARD FILS (d'après)

189 — Le Billet. — Atala. — L'Enfant chéri. — La Méditation. — La Liseuse. — Jeune Fille enlevée par l'Amour. — L'Amour enseignant à danser à une jeune fille. — Psyché, Quinze pièces. . . . .

GAUCHER (C. E.)

190 — A. Bonaparte, pacificateur ; belle épreuve. . . . .

GAVARNI (d'après)

191 — La Jeunesse de J.-J. Rousseau. — Jocelyn. Seize pièces, lithographies en noir et en couleur, à toutes marges.........

GERMAIN (Louis)

192 — Projet d'un pont monumental à la gloire immortelle de Louis XVI, d'après Daubenton; très belle épreuve avant la lettre, à toutes marges.

GILBERT

193 — Entrée triomphale des Prussiens à Paris. — Entrée triomphale à Berlin. Deux lithographies en couleur, à toutes marges. ....

GRANVILLE, RAFFET

194 — Grandes planches du journal *la Caricature*. Quarante pièces en noir et coloriées.........

GRAVELOT (d'après H.)

195 — Fondation pour marier dix filles, renouvelée en 1761 par M. le marquis de l'Hospital, gravé par J.-M. Moreau le jeune et Huquier; très belle épreuve avant la lettre, grandes marges.........

GREUZE (d'après J.-B.)

196 — L'Accordée de village, par Flipart. — La Dame bienfaisante, par Massard. Deux pièces.........

197 — L'Accordée de village. — Le Fils puni. — La Malédiction paternelle. Cinq pièces in-8, par Civil et Moreau le jeune; belles épreuves.

198 — La Fille confuse, par Ingouf; belle épreuve avec les noms à la pointe, petites marges.........

199 — Le Malheur imprévu, par R. de Launay; très belle épreuve à toutes marges.........

200 — La Mère en courroux. — Le Repentir, par Moitte. Deux pièces faisant pendants; belles épreuves, une est à toutes marges......

201 — La Vertu chancelante, par J. Massard; belle épreuve à l'eau-forte pure, marges.........

GREUZE (d'après J.-B.)

202 — Exemple d'Humanité. — L'Heureux ménage, — L'Accordée de village. — Le Fils ingrat. — La Mère qui intercède. — Le Père de famille. — La Lecture de la Bible. Douze pièces. . . . .

203 — Les Œufs cassés. — La Piété filiale. — L'heureux Ménage. — L'Enfant gâté. — La Vertu chancelante. — Le Sacrifice à l'Amour. — Le donneur de Sérénades. Sept pièces. . . . .

204 — La Cruche cassée. — L'Oiseau mort. — La Fille pensive. — Thais' ou la belle pénitente. Quatre pièces, à toutes marges. . . . .

GUÉRARD (à Paris chez M.)

205 — Peinture sans maitrise, la toilette. Belle épreuve. . . . .

HEATHEY (d'après)

206 — The mother fright. — The Benevolent cottager. Deux pièces faisant pendants; belles épreuves en couleur, grandes marges. . . . .

HELVET (Th.)

207 — *Charles-Emmanuel II*, duc de Savoie, 1673; très belle épreuve.

HENRIQUEL-DUPONT

208 — *Madame Pasta* (rôle d'Anna Bolena). Deux épreuves dont une avant la lettre, sur papier de Chine, à toutes marges. . . . .

HUBERT, MALEUVRE

209 — *D'Alembert*. — *Comte d'Aranda*. — *Comte de Breteuil*. — *Joseph II*. belles épreuves, grandes marges; une est avant toute lettre. . . . .

HUET (J.-B.)

210 — Frontispice de son œuvre. Composition in-folio; belle épreuve avant la lettre, grandes marges. . . . .

HUET (d'après J.-B.)

211 — La déclaration, par A. Legrand; épreuve à toutes marges. . .

212 — Ce qui est bon à prendre... par Alex. Chaponnier; très belle épreuve avant la lettre, à toutes marges. . . . .

HUET (d'après J.-B.)

213 — Le célibat. — L'Amour dévoile les yeux de l'Innocence. — L'Innocence reçoit de l'Amour deux colombes; trois pièces, belles épreuves.

HUQUIER

214 — Le Renard et le buste. — Le Loup et la Cigogne. — Le Corbeau et le Renard. — Le Loup et le Chien. — Le Loup et le Renard plaidant; huit pièces, belles épreuves. ....

215 — L'air. — L'eau. — La terre; trois pièces d'après Ch. Natoire, belles épreuves. ....

ISABEY, PERCIER & FONTAINE

216 — Costumes du sacre de Napoléon Ier; huit pièces à toutes marges, deux sont avant la lettre. ....

ISABEY (d'après J.-B.)

217 — Le départ du soldat. — Le retour du soldat, deux pièces faisant pendants; belles épreuves, petites marges. ....

JACQUE (d'après Ch.)

218 — Les mois, gravés sur bois, par Ad. Lavieille; onze pièces. .....

JANINET

219 — *Janinet*, (J.-F.) célèbre physicien et auteur du globe du Luxembourg; in-8 à la sanguine, rare. ....

220 — Colonnade et jardins du palais Médicis, d'après Hubert-Robert; belle épreuve en couleur, sans marge. ....

221 — *Mlle Saint-Huberti.* — *Larive.* — *Mlle Raucourt.* — *Brisard.* *Préville.* — *Caillot*; six portraits en couleur, belles épreuves.

JEAURAT (d'après)

222 — Déménagement d'un peintre. — La place Maubert; deux pièces, belles épreuves. ....

223 — L'huitre et les plaideurs. — L'homme entre deux âges et ses deux maitresses. — Le savetier et le financier; trois pièces, belles épreuves. ....

JEAURAT (d'après)

224 — La place des Halles. — Déménagement d'un peintre. — La place Maubert. — Le carnaval des rues de Paris. — Enlèvement de police ; onze pièces.

225 — Le soir. — La relevée. — La petite ouvrière rusée. — L'éplucheuse de salade. — Vertumne et Pomone. — La couturière. — La coquette. — La dévote. — Le mari jaloux. — Acis et Galathée, et autres ; vingt-sept pièces.

JÉSUITES (Pièces sur les)

226 — Frontispices, emblèmes, titres d'ouvrages, gravures et dessins ; quinze pièces.

KUYPER (d'après)

227 — Salle de concert de la société Félix Méritis à Amsterdam. — Salle de dessin. — Salle de physique. — Salle de conférence, suite de quatre pièces, gravées par Winkelès ; très belles épreuves avant la lettre, grandes marges, rare.

LAGUILLERMIE

228 — Gulliver enchaîné par les Lilliputiens, d'après le tableau de J.-G. Vibert ; belle épreuve à toutes marges.

LA LIVE DE JULLY (A.-L. de)

229 — Recueil de caricatures, d'après J. Saly ; dix pièces, belles épreuves.

LAMBERT (d'après)

230 — Passage du pont d'Arcole, gravé par Chaponnier ; belle épreuve.

LANÇON (d'après)

231 — Bœuf à la mode, par Leclerc ; belle épreuve, marges.

LANCRET (d'après N.)

232 — Le glorieux. — Le philosophe marié. Deux pièces faisant pendants, par C. et N. Dupuis ; très belles épreuves, grandes marges.

233 — Trop indolent Tircis..., par S. Silvestre ; très belle épreuve avant toutes lettres, marges.

LANCRET (d'après N.)

234 — Frère Luce. — Le villageois qui cherche son veau. — A femme avare, galant escroc. — La servante justifiée. — Le faucon. — Les troqueurs. Neuf pièces.

235 — L'amusement du petit maître. — La belle complaisante. — Nicaise. — La servante justifiée. Quatre pièces; belles épreuves, petites marges.

LANDRY (P.)

236 — *Bernard d'Avesne (E.)*; belle épreuve.

LANDSEER (J.)

237 — Bonaparte, d'après W. M. Craig; belle épreuve à toutes marges.

LANTÉ (Joseph)

238 — *Catherine II*; belle épreuve à toutes marges.

LARDY (F. G.)

239 — Tombeau de J.-J. Rousseau, d'après J. M. Moreau le Jeune; belle épreuve à toutes marges.

LAUNAY (N. de)

240 — *Bignon* (Arm. Jérôme), d'après Drouais; très belle épreuve à toute marge.

LAUNAY (R. de)

241 — *Napoléon Ier* en costume de cour: in-8 en couleur.

LAWREINCE (d'après N.)

242 — Le billet doux. — Qu'en dit l'abbé, par N. de Launay (E. B. 10 et 51). Deux pièces.

243 — Le coucher des ouvrières en modes, par Dequevauviller (16); belle épreuve, remargée.

244 — Le coucher des ouvrières en modes, petite pièce gravée à l'eau-forte par Marks; belle épreuve.

245 — Les nymphes scrupuleuses, par Vidal (42); belle épreuve, petites marges.

LE BRUN (d'après)

246 — L'heureux ménage ou les époux vertueux, par Martini; très belle épreuve, à toute marge. . . . .

247 — La liberté perdue ou l'amour couronné. — Le charme de la liberté ou l'amour vaincu. Deux pièces faisant pendants, par Dambrun et Martini; très belles épreuves. . . . .

248 — La toilette de la mariée ou le jour désiré, par Dambrun; belle épreuve. . . . .

LEBRUN (d'après L. Vigée)

249 — L'amour liant les ailes de l'amour, par Schulze; belle épreuve, grandes marges.

250 — La même estampe, très belle épreuve avant la lettre, grandes marges.

LECLERC (d'après)

251 — L'enfant prodigue exigeant sa légitime. — Le départ de l'enfant prodigue. Trois pièces par Basan et Gaillard. . . . .

252 — Les baigneuses, par Deny; belle épreuve. . . .

LEFÈVRE (Achille)

253 — *Le général Foy*, d'après Horace Vernet. Cinq épreuves en feuilles, deux sont avant la lettre. . .

LE MESLE, VLEUGELS (d'après)

254 — La clochette. — Frère Luce. Trois pièces; belles épreuves, petites marges. . . . .

LE MIRE (N.)

255 — A la Reine, portrait de Marie-Antoinette, d'après J.-M. Moreau le jeune; très belle épreuve avant les noms d'artistes, à toutes marges. .

LENFANT, LÉPICIÉ, LOMBART

256 — *Cl. Capperonnier*. — *L. de Boullongne*. — *Phelippeaux Mis de Chasteauneuf*. — *De la Morlière*. — *P. Maissat*. Six portraits. .

LÉONARDIS (d'après)

257 — Sic itur ad astra, pièce satyrique sur la musique; belle épreuve. .

LEPIC

258 — Programme du Cercle de la Presse, deux épreuves dont une avant la lettre, toutes marges. . . . .

LE PRINCE (J.-B.)

259 — Calmouk. — Le Cabaret ambulant. — Halte de Calmouks. — La Jeune Bergère. — Costumes. — Paysages, etc., dix-neuf pièces ; belles épreuves. . . . .

LE PRINCE (d'après J.-B.)

260 — La lettre envoyée. — La lettre reçue, par N. Delaunay, deux pièces faisant pendants ; très belles épreuves à l'eau-forte pure, avant l'encadrement, grandes marges. . . . .

261 — Vieille femme lisant. — Costume. — Paysage, cinq pièces à la sanguine, par Demarteau. . . . .

262 — L'Enfant chéri. — Les Bergers russes. — Le Berceau russe. — La Diseuse de bonaventure russienne. — La Brodeuse. — Le Cabaret. — L'Amour de la gloire et autres, dix pièces. . . . .

263 — Scènes d'intérieur. — Costumes. — Paysages. — Ruines, etc., trente pièces. . . . .

LITHOGRAPHIES

264 — *Les Artistes contemporains*, cinquante planches, toutes marges, la plupart avant la lettre, ...

265 — Album de caricatures, publié par Aubert, soixante-quatre pièces. . . . .

LONGUEIL (J. D. de)

266 — *Louis XVI*. — *Marie-Antoinette*. Deux portraits allégoriques, d'après C.-N. Cochin ; belles épreuves du premier état, grandes marges. . . . .

267 — *Hulin* (Jacques). — *Fontanieu* (de). Deux portraits ; belles épreuves. . . . .

268 — Concert mécanique inventé par R. Richard, d'après Ch. Eisen ; belle épreuve. . . . .

MACRET (C.)

269 — Arrivée de J.-J. Rousseau aux Champs-Elysées. — Réception de Voltaire aux Champs-Elysées, par Henri IV. — Couronnement de Lafontaine, par Esope. — L'arrivée du roi de Prusse, cinq pièces, d'après Le Barbier et Moreau le jeune. . . . .

MALLET (d'après)

270 — L'Infidélité découverte. — La Leçon maternelle, par Moithey, deux pièces faisant pendants ; belles épreuves, grandes marges. . . .

271 — Le Jour de Noces. — Le Lendemain de Noces. — Le Bain. — La Somnambule. — La Réussite, six pièces. . . . .

MARTINET (à Paris, chez)

272 — Les Employés supprimés, gravé par Dargentsec ; belle épreuve, à toute marge. . . . .

MASSARD (R.-M.)

273 — *Clarke,* (H.-J.-G.) duc de Feltre, en pied, d'après Fabre ; belle épreuve sur papier de Chine. . . . .

MASSON, NANTEUIL, POILLY

274 — *Fr. de Beauvilliers, duc de Saint-Aignan.* — *Arm. de Bourbon-Conty.* — *J. de Castelnau.* — *P. Poncet.* — *Cl. Regnauldin.* — *Potier de Gesvres.* Sept portraits. . . . .

MAUDUISON

275 — Psyché abandonnée. — Les Saisons. — Les Eléments. — Les Quatre partie du jour. — Atala. — La Parure. — Zulma, etc., quarante-deux pièces, la plupart avant la lettre ou à l'eau-forte pure.

276 — Le Matin. — Le Midi, — L'Après-Midi. — La Nuit. — Les Saisons, quinze pièces d'après Bassaget ; belles épreuves, sept sont à l'eau-forte pure.

MEISSONNIER (d'après)

277 — Le Porte-Etendard. — Le Hallebardier. — La Halte. — L'Audience, quatre pièces, une est avant toute lettre.

278 — Portrait du docteur, par Pigeot ; épreuve avant la lettre sur papier de Chine, en feuille.

MÉLINI

279 — *Charles Emmanuel III*, Duc de Sardaigne ; belle épreuve, grandes marges. . . .

MIGER

280 — Etudes de têtes d'après l'antique, quatre pièces en feuilles. . . .

MOITTE (d'après)

281 — Le Bouquet déchiré, par Vidal ; épreuve avant la lettre. . .

282 — La Surprise agréable, par Vidal ; belle épreuve, marges. . . .

MONNET (d'après)

283 — *Louis XVI.* Composition allégorique avec l'emblème des Saisons ; belle épreuve avant la lettre, grandes marges. . . . .

284 — Jupiter et Anthiope, par Vidal ; très belle épreuve à l'eau-forte pure avant la draperie, marges. . . . .

MONNIER (Henry)

285 — Les Quartiers de Paris. Dix pièces en noir et coloriées, en feuilles.

MONSIAU (d'après)

286 — L'Amant suppliant. — La Fille abandonnée. Deux pièces faisant pendants ; épreuves à l'eau-forte pure, grandes marges. . . . .

MOREAU LE JEUNE (J.-M.) — **LE PAON**

287 — Vue de la plaine des Sablons. — Revue de la maison du Roi, au Trou-d'Enfer. Deux pièces faisant pendants, par Le Bas et Malbeste, grandes marges. . . . .

MOREAU LE JEUNE (d'après J.-M.)

288 — Déclaration de la grossesse. — C'est un fils, Monsieur ! Deux pièces par C. Baquoy et Martini ; belles épreuves, grandes marges. . . . . .

289 — Les Vœux accomplis, par J.-B. Simonet ; belle épreuve, marges.

MORIN

290 — *Auguste de Thou.* — *J.-Aug. de Thou.* — *Potier de Gesvres.* Quatre portraits, belles épreuves. . . . .

MORLAND (d'après)

291 — Scènes de famille. Deux pièces faisant pendants; belles épreuves, sans marges. . . . .

NAUDET (à Paris chez)

292 — La Désolation des filles de joie. — Le Vice forcé dans ses retranchements. Deux pièces, belles épreuves. . . . .

NILSON (J.-E.)

293 — *Amelia Augusta.* — *Fredericus Augustus*, électeur de Saxe. Deux portraits, belles épreuves. . . . .

ORNEMENTS

294 — Deux cartouches ornés; très belles épreuves. . . . . .

295 — Trente pièces, d'après Boucher fils et Fragonard; belles épreuves.

296 — Soixante-dix planches, d'après Boucher : cartouches, meubles, etc.

297 — Vingt pièces, par C.-N. Cochin; belles épreuves. . . . .

298 — Vases, par Crepy et Le Pautre, Arabesques, etc. Vingt-sept pièces; belles épreuves à toutes marges. . . . .

299 — Seize pièces. — Batiments par J.-A. Ducerceau. . . . .

300 — Cartouches par Floris. Vingt-trois pièces, belles épreuves. . . . .

301 — Arabesques et ornements, par de Lalonde et Fay. Trente-quatre pièces en noir et à la sanguine, belles épreuves. . . . .

302 — Nouveaux trophées ou cartouches représentant les arts et les sciences. Douze pièces par Marillier; épreuves en feuilles. . . . . . .

303 — Trophées, attributs, par Ranson. Cent trente-deux pièces. . . . . .

304 — Vases, trophées, attributs, meubles de goût. Trente pièces, par Salembier, Nilson, Vico et autres. . . . .

305 — Environ soixante-dix titres et fleurons d'ouvrages des XVIe et XVIIe siècles. . . . .

ORNEMENTS

306 — L'ornement polychrome, par Racinet. Cent planches en couleur.

307 — Décorations d'ameublements, tapisseries, etc. Soixante pièces en couleur.

OUDRY (d'après)

308 — Compositions in-4 pour les fables de Lafontaine; onze pièces avant la lettre et à l'eau-forte pure.

OUTHWAITE

309 — Salle du Zodiaque, deux pièces faisant pendants, d'après L. Cogniet; épreuves sur papier de Chine, une est avant la lettre, toutes marges.

PARIS (Pièces sur)

310 — Le grand café Alexandre, sur les boulevards de Paris ; belle épreuve coloriée.

311 — Vues de Paris, gravées en couleur par J.-A. Le Campion ; huit pièces, belles épreuves à toutes marges.

312 Vues d'optique de Paris et des châteaux des environs ; cinquante pièces coloriées, belles épreuves.

313 — Panorama de Paris pris du dôme de l'Institut et de la hauteur de Chaillot, par Schmidt ; quatre feuilles.

PAROY (comte de)

314 — Lafontaine et ses fables, composition de forme ronde pour dessus de guéridon ; belle épreuve, grandes marges.

PARROCEL (Charles)

315 — Bataille, belle épreuve à l'eau forte avancée, avant toutes lettres, marges.

PATAS

316 — Trait d'humanité de Mgr le duc d'Orléans, d'après Mirys ; belle épreuve, grandes marges.

PATER (d'après)

317 — Le glouton. — La matrone d'Ephèse. — Le baiser rendu. — Les aveux indiscrets. — Le cocu battu et content. — La courtisane amoureuse. — Le baiser donné, dix-sept pièces.

PETIT, THOMASSIN

318 — *Henri Bachelier.* — *Titon du Tillet.* — *Fr. Huguet,* imprimeur. — *Auzanet.* — *Melch. Cochet de Saint-Vallier.* — *Th. Corneille.* — *Nic. Le Camus.* — *Louis XIV,* huit portraits.

PHILIPPON

319 — Planches extraites du journal *la Caricature.* Quatre-vingt-cinq planches en noir et en couleur.

320 — Planches différentes. Quatre-vingt-cinq pièces en noir et en couleur.

PIÈCES HISTORIQUES

321 — Procession de la Ligue. — Combat de Jarnac et de la Chataigneraye. — Mort de Marie Stuart. — Mort du chevalier d'Assas. — Monseigneur le duc de Chartres passant à Gournay. — Défense héroïque à la bataille de Pavie. Neuf pièces.

322 — Henri IV chez le fermier Michau. — Rendez-vous de chasse de Henri IV. — Plan pour l'Hôtel-des-Invalides. — Débarquement de la flotte Espagnole, 1703. — Réjouissances populaires sous Louis XV. — Mort du maréchal Ney, etc. Dix pièces.

323 — Bataille d'Eylau. — Bataille d'Essling. — Après vous, Sire ! — La Garde-Nationale à l'Assemblée. — Charlotte Corday. — Le Chien du Régiment, etc. Huit pièces.

324 — Entrée des Français dans Milan. — Batailles du Premier Empire, etc. Douze pièces, la plupart avant la lettre ou à l'eau-forte pure.

PIERSON (I.)

325 — The Girl and Kitten; belle épreuve en couleur, marges.

POISSON

326 — Cris de Paris, dessinés d'après nature. Cinquante-neuf pièces, à toutes marges.

PONCE (N.)

327 — L'innocence sous la garde de la fidélité, d'après M. Bounieu; belle épreuve avant la lettre, à toute marge.

PORTRAITS

328 — Le Plutarque français. Quatre-vingts portraits en pied, épreuves sur papier de Chine, plusieurs sont en épreuves d'artiste.

PREVOST (B.-L.)

329 — Hommage des arts, portrait de Marie-Antoinette, médailles allégoriques d'après C. N. Cochin ; très belle épreuve avant toute lettre, grandes marges. . . . .

PRUDHON (P.-P.)

330 — Une famille malheureuse, in-8 ; (1) très belle épreuve sur papier de Chine, à toute marge. . . . .

331 — Une lecture (ou la pensée), in-8 (2); très belle épreuve sur papier de Chine, à toute marge. . . . .

PRUDHON (d'après P.-P.)

332 — L'Amour réduit à la raison. — Le Cruel rit des pleurs qu'il fait verser. — La Vengeance de Cérès. Quatre pièces ; belles épreuves, deux sont avant la lettre. . . . .

333 — *Mayer* (Mlle), Lithographie par Sirouy. Deux épreuves sur papier de Chine avant toutes lettres, signées par l'auteur. . . . .

334 — L'Amour séduit l'innocence, le plaisir l'entraîne, le repentir suit. — L'innocence préfère l'amour à la richesse. Deux pièces faisant pendants, par B. Roger. Belles épreuves. . . . .

335 — *Joséphine.* — *Le Roi de Rome.* — Gouvernement français. — Bonaparte, Ier Consul de la République. — Triomphe de Bonaparte. — Triomphe de la République. Huit pièces, deux sont avant la lettre et à l'eau-forte pure. . . . .

QUEVERDO (d'après)

336 — Les amours pastorales. — Le prélude, par Droyer et Mondhare. Deux pièces ; belles épreuves. . . . .

337 — Le bouquet galant, par Dambrun; belles épreuves, marges. . . . .

338 — Le déserteur, opéra comique. Deux pièces par Dambrun ; belles épreuves, dont une avant la lettre. . . . .

339 — Les regrets : très belle épreuve avant toutes lettres, marges. . . .

RAFFET, DECAMPS, GRANVILLE

340 — Sujets tirés du journal *La Caricature*. Trente pièces.

RÉVOLUTION (Pièces sur la)

341 — Prise de la Bastille, le 14 juillet 1789. Eau-forte par Thévenin.

342 — Brissot met ses gants. — Je suis entre le peuple et la loi. — Dernier effort des Jacobins. Trois pièces au lavis, grandes marges.

343 — La séparation de Marie-Antoinette d'Autriche d'avec sa famille dans la Tour du Temple. — Dévouement de Madame Elisabeth dans la journée du 20 juin 1792. Deux pièces faisant pendants; belle épreuves à toutes marges.

344 — Emblèmes, cachets, portraits, titres, batailles, etc. Vingt-si pièces.

RIBAULT (J. F.)

345 — Femme accordant une guitare, d'après Metzu; belle épreuve avan la lettre.

ROBERT (d'après Hubert)

346 — L'écurie de Jules. — Vue de Bohême. — La cuisinière italienne. — Les soirées de Rome. — Monumeuts. — Vues, etc. Vingt-quatre pièces.

ROPS (Félicien)

347 — Les gaietées de Béranger. — Le cabinet satyrique. Trois frontispices, à toutes marges.

ROWLANDSON

348 — Transplanting of Teeth, 1787; très belle épreuve coloriée.

349 — Baigneuses d'après L'Albano. — Botheration, par J. Alken. Deux pièces coloriées; belles épreuves.

SAINT-AUBIN (Aug. de)

350 — *Le Kain*, d'après J. B. Lenoir; très belle épreuve avant la lettre, grandes marges.

351 — Vertume et Pomone, d'après Fr. Boucher; belle épreuve, marges.

352 — La même estampe, très belle épreuve à l'eau-forte pure, marges.

SAINT JEAN (d'après)

353 — L'attouchement. — L'ouïe. — Le goûter. Trois pièces gravées par C. Allard, épreuves en feuilles. 14

SAINT-NON

354 — Vue de l'arc de Constantin. — Ruines romaines. — Paysages. Six pièces d'après Hubert Robert; belles épreuves en bistre . . . . . .

SARDOU Médium (Victorien.)

355 — La maison de Mozart (ville basse). — Quartier des animaux chez Zoroastre. Deux pièces au trait; épreuves sur papier de Chine. . . .

SCHALL (d'après Fréd.)

356 — Le bouquet impromptu, par Aug. Legrand; belle épreuve, grandes marges. . . . .

357 — Le modèle disposé, par Alex. Chaponnier; belle épreuve. 16

358 — Le premier baiser de l'amour, par Aug. Legrand; belle épreuve à l'eau-forte pure, sans marge. 4

SCHENAU (d'après)

359 — Le Dédommagement de l'absence, par Vidal; belle épreuve, grandes marges. . . . .

360 — Les Intrigues amoureuses, par Halbou; belle épreuve.

361 — La Méditation, par Gaillard; belle épreuve.

SCHENKER (N.)

362 — Ménade sortant des Bacchanales; belle épreuve, marges.

SCHIAVONETTI (Nic.)

363 — Mort de Jean-Paul Marat, d'après Pellegrini; belle épreuve.

SCHMIDT (G.-Fr.)

364 — *Evreux*, (Louis de la Tour-d'Auvergne, comte d') d'après H. Rigaud; très belle épreuve, grandes marges. . . . .

365 — Portraits et vignettes pour les *Mémoires de Brandebourg, Berlin, 1767.* Dix pièces en tirages à part, grandes marges. . . . .

SCHULTZ (C.-G.)

366 — *Joseph II.* Deux épreuves dont une avant la lettre, grandes marges.

SCHUPPEN (G. Van)

367 — *Langlois.* (P.-Arm.) — *La Reynie.* (G.-N. de) — *Le Camus.* (Nic.) Trois portraits, très belles épreuves.

SERGENT (Ant.-Fr.)

368 — *Marie-Thérèse-Charlotte* de France fille du roi Louis XVI. In-4, très belle épreuve en couleur, à toutes marges.

SICARDI (d'après)

369 — Oh! quelle douleur. — Ah! quel plaisir. — Come la trovate? Trois pièces, par Mécou et Copia; belles épreuves, une est avant la lettre.

370 — Oh! che boccone! — Oh! che Gusto! — Come la trovate? Quatre pièces, belles épreuves, grandes marges, une est avant la lettre.

SMITH (I.)

371 — Vénus et Adonis, gravé à la manière noire; très belle épreuve.

SPORTS (Pièces sur les)

372 — Chasse au loup. — Chasse au sanglier, deux pièces faisant pendants, par Joullain, d'après Desportes, très belles épreuves, grandes marges.

373 — Vista y perspectiva de la insigne plaza de los toros en dia de funcion, de la ciutad de Sevilla; grande planche in-folio gravée à l'eau-forte. Rare.

374 — Chasse au cerf, la rivière traversée, grav. par Rowlandson en 1787; belle épreuve en couleur.

375 — A standing leap at a gate, d'après Seymour; très belle épreuve en couleur, grandes marges.

376 — La chasse au canard. — La chasse au cerf, deux pièces faisant pendants gravées à l'aquateinte, par S. W. Reynolds, d'après H. Vernet; très belles épreuves.

SPORTS (Pièces sur les)

377 — The Liverpool great national steeple-chase, 1839, gravé par J. Harris ; épreuve coloriée. . . . .

378 — Attelages, chevaux, études, vingt-cinq lithographies d'après Géricault, Alf. de Dreux, Carl Vernet et autres. . . . .

379 — Cinquante pièces, chevaux anglais, belles épreuves. . . . . .

380 — Discorging. — Un rendez-vous, deux pièces faisant pendants gravées par Reeve, d'après Turner ; belles épreuves coloriées, grandes marges. . . . .

381 — Throwing off. — Breaking cover. — In full cry. — The death, suite de quatre pièces coloriées d'après Alken; épreuves à toutes marges. . . . .

382 — Pavillon rode by Chiefney, gravé par J.-B. Hosset, d'après Chalon, belle épreuve à toutes marges. . . . .

383 — Chevaux de races orientales aux haras de S. M. le roi de Wurtemberg, par l'Institut royal de lithographie. *Stuttgard*, 1823. Dix-sept pièces. . . . .

384 — Ladies Mile. — Well dove, deux pièces coloriées, gravées par Ch. Hunt, d'après Turner ; épreuves à toutes marges. . . . . . .

385 — Escrime, neuf pièces gravées par Bénard, en feuilles. . . . . .

386 — Recueil contenant environ quarante planches de vénerie extraites de l'*Encyclopédie*. . . . .

SPRIMGLIN (d'après)

387 — Vue de Neuville et des environs du lac de Bienne. — Vue du lac et de la ville de Neufchâtel, deux pièces, belles épreuves coloriées, grandes marges. . . . .

SUJETS A TABATIÈRES

388 — Sujets gracieux, d'après Watteau, Santerre, Crepy, Diacre et autres ; trente-cinq pièces, belles épreuves. . . . .

TANCHE (N.)

389 — Suites de petites eaux-fortes inventées, dessinées et gravées par Tanche en 1769 ; huit pièces, en feuilles. . . . .

TARDIEU (J.)

390 — *Oudry,* (J.-B.) d'après N. de Largillière ; très belle épreuve à toutes marges. . . . .

TOUZÉ (d'après)

391 — Les amusements dangereux, par Voyez le Jeune; belle épreuve.

392 — La Présidente Tourvel, par R. Girard ; belle épreuve, marges.

VANGELISTI

393 — *Vergennes* (Ch. G. comte de). — *Richelieu* (le maréchal). Deux portraits ; belles épreuves. . . . .

VAN GORP (d'après)

394 — La lecture, par J. Eymar. Deux épreuves, dont une avant la lettre, grandes marges. . . . .

VANLOO (d'après Carle)

395 — *Sainte Geneviève*, patronne de Paris, par J. J. Avril. Deux épreuves dont une avant la lettre. . . . .

396 — Echec et mat, par B. L. Henriquez; très belle épreuve avant la lettre, grandes marges. . . . . .

VARIN (P. A.)

397 — *Michelot,* bibliophile bordelais. Quatre épreuves d'artistes ; en feuilles. . . . .

VERNET (d'après Joseph)

398 — Le vieux port de Toulon. — L'entrée du port de Marseille. — Le port neuf ou l'arsenal de Toulon. — Le port de Cette, en Languedoc. Sept pièces par Cochin le fils et Lebas; belles épreuves, deux sont à l'eau-forte pure. . . . .

399 — La tempête. — Le naufrage. — Vue de Livourne. — La belle nuit. — Les pêcheurs corses. — Départ de la chaloupe. — La promenade. — Le calme. — Vue des environs de Toulon. Vingt-six pièces. . . . .

VERNET (Carle)

400 — Scènes militaires. Etudes de chevaux. Costumes. Trentes pièces noires et coloriées.

VERNET (d'après Carle)

401 — Le pont d'Arcole. — Batailles. Trois pièces par Duplessis-Bertaux; épreuves à l'eau-forte pure.

VICTOIRE (d'après E.)

402 — Quel est le plus heureux ? par Eléonore, femme Le Febvre; belle épreuve

VIEN (d'après)

403 — La jeune circassienne. — L'offrande ingénue. Deux pièces faisant pendants; belles épreuves.

VUES D'OPTIQUE

404 — Allemagne, soixante-deux pièces coloriées; épreuves à toutes marges.

405 — Hollande, Angleterre, Espagne, quatre-vingts pièces coloriées.

406 — Italie, cent pièces coloriées.

WARD (Peter)

407 — Les Joueurs de cartes. — La Diseuse de bonne aventure, deux pièces en couleur faisant pendants; belles épreuves, sans marge.

WATSON (J.)

408 — The Confidants, or le billet doux, A la manière noire, d'après E. Martin; belle épreuve, grandes marges.

WATTEAU (d'après Ant.)

409 — *Watteau et M. de Julienne,* par Tardieu; très belle épreuve, grandes marges.

410 — Diane au bain. — La Famille, deux pièces gravées par Aveline; belles épreuves, grandes marges.

411 — Iris c'est de bonne heure...; très belle épreuve, grandes marges.

412 — L'Embarquement pour l'île de Cythère. — Réjouissance villageoise, deux pièces in-4° en largeur, à l'eau-forte pure, marges.

WILLE (J.-G.)

413 — *Fouquet de Belle-Isle* (Ch. L. Ang.) — *Brizeux*, architecte. Deux portraits ; belles épreuves. . . . .

414 — *Prince de Galles.* — *Maurice de Saxe.* Trois portraits.

WILLE FILS (d'après)

415 — La Mère indulgente. — Les Conseils maternels, deux pièces faisant pendants, gravées par Lempereur ; très belles épreuves avant toutes lettres, grandes marges. . . . .

416 — Les Délices maternels — Les Soins maternels, par J.-G. Wille, deux pièces faisant pendants, à toutes marges. . . . .

WOLFF L'AINÉ

417 — L'Amitié. — La Douceur. — Flore, trois pièces ; belles épreuves, marges. . . . .

418 — Sous ce numéro, il sera vendu par lots, au commencement de chaque vacation environ 6,000 estampes. Portraits, Vues, Cartes, Plans, etc. de toutes les écoles.

GRAVURES & DESSINS
ENCADRÉS

419 — **Baudouin.** (d'après) Le Jardinier galant, par He man; très belle épreuve, à toute marge. . . . .

420 — — Les Soins tardifs, par N. de Launay; très belle épreuve, à toute marge. . . . .

421 — **Boilly.** (d'après L.) L'Attention. — La Précaution. Deux pièces ovales gravées en couleur. . . . . .

422 — **Bonnet.** Madame la comtesse du Barry. Superbe épreuve en couleur avant toutes lettres, marges. Très rare. . . . .

423 — **Boucher**. (d'après F.) Tête d'enfant; profil aux trois crayons. . . . .

424 — **Carême**. Jeune fille, en buste, dessin aux crayons de couleur. . . . .

425 — **Choflard**. (P.-P.) Jeune femme à sa toilette. Charmant dessin à l'encre de Chine, rehaussé de gouache, cadre en bois sculpté. . . . .

426 — **Cochin**. (C.-N.) Portrait de femme; de profil, à la mine de plomb. . . . .

427 — **Comba**. (P.) Caricature parisienne, 1861. Mine de plomb et aquarelle. Signé. . . . .

428 — **David**. (Jules) Travestissements; aquarelle. . . . . .

429 — **Debucourt**. (P.-L.) La Main, 1788; belle épreuve en couleur, petites marges. . . . .

430 — — Les Bouquets, ou la Fête de la grand-maman. — Le Compliment, ou la Matinée du Jour de l'An, 1787, 1788. Deux pièces faisant pendants; très belles épreuves, grandes marges. . . . .

431 — — Le Compliment ou la matinée du Jour de l'An; très belle épreuve en couleur, sans marges. . . . .

432 — — L'Heureuse mère; très belle épreuve avant la lettre; imprimée en couleur, marges. . . . .

433 — **Debucourt**. (d'après P.-P.) Les Bouquets ou la Fête de la grand-maman. Aquarelle. . . . . . .

434 — **Delacroix**. (Eugène) Le Tasse en prison. Esquisse à la plume. Signé. . . . .

435 — **Desrais**. Joies maternelles. Dessin ovale à la plume et au lavis de bistre. . . . .

436 — **Devéria**. (Eugène) Supplice de Jeanne d'Arc, dessin petit in-folio à la mine de plomb et au lavis de bistre. Signé. . . . .

437 — **École française**. Aux mânes de Gluck et de Corneille, composition ovale à la mine de plomb.

438 — **Eisen**. (d'après Ch.) Le Printemps, par de Longueil; belle épreuve.

439 — **Gaucher**. (C.-S.) Hommages rendus à Voltaire, d'après J.-M. Moreau le Jeune.

440 — **Huet**. (d'après) La toilette, épreuve coloriée.

441 — **Lawreince**. (d'après N.) L'Accident imprévu, par Darcis; très belle épreuve en couleur, du 1er état, avec les armes et la dédicace, en feuille.

442 — — La Balançoire mystérieuse, par Vidal; très belle épreuve d'un état non décrit. Elle est avant la lettre avec les noms des artistes gravés, mais avant le flot, petites marges.

443 — — La Marchande à la toilette, par Vidal (37); très belle épreuve, grandes marges.

444 — — Les Nymphes scrupuleuses, par Vidal; très belle épreuve avant toutes lettres et avant la guirlande, petites marges.

445 — — On y va deux, par Benossi; très belle épreuve en couleur, grandes marges.

446 — **Le Clerc**, La réunion des plaisirs; ovale à la sanguine, a été gravé par Janinet.

447 — **Le Prince**. Le Concert. Composition ronde à la mine de plomb.

448 — **Marin**. (Louis) L'Education du petit chien. — Jeune fille en chemise. Deux pièces faisant pendants, épreuves en couleur, sans marges.

449 — **Millet**. (Jean-Baptiste) Mare et entrée de ferme. Plume et sépia, signé.

450 — **Miniatures**, portrait de Duclos, historiographe de France. Miniature sur vélin.

451 — — Nymphe et Satyre. Cadre en bois sculpté.

452 — — Othello. Miniature du XVIe siècle.

453 — — Jeune femme au bain, charmante composition sur parchemin.

454 — — Vieillard et sa fille, miniature sur ivoire, cadre en bois sculpté.

455 — — Portraits et scène gracieuse; huit pièces et un cadre cuivre.

456 — **Mixelle**. La crainte mal fondée, d'après Boilly; belle épreuve en couleur, grandes marges.

457 — **Moreau le Jeune**. (J.-M.) Tombeau de Jean-Jacques Rousseau; belle épreuve, avec la vieille femme.

458 — **Morland**. (d'après G.) The Fair Penitent. — The virtuous parent, deux pièces faisant pendants, gravées en couleur par Bartolotti.

459 — **Paris** (Pièces sur) Vue de la porte Saint-Nicolas exécutée en paille appliquée.

460 — **Saint-Aubin**. (Augustin de) L'éducation des demoiselles. — L'éducation des messieurs, deux charmantes compositions à la mine de plomb faisant pendants, cadre en bois sculpté.

461 — — Portrait de jeune femme, vu de profil, à la mine de plomb.

462 — **Saint-Aubin.** (d'après Aug. de) Le bal. — Le concert, par Prévost; deux pièces faisant pendants.

463 — **Vanloo**. (d'après) La confidence, par Beauvarlet. Très belle épreuve avant la lettre, grandes marges.

464 — **Westall.** (d'après) Innocent revence. — Innocent mischief. Deux pièces faisant pendants, gravées par G. Zançon ; belles épreuves. . . .

LIVRES & RECUEILS

465 — **Album** de dessins, par ou d'après P. Baudry, Molenaer, Jordaens, Penguilly, Mougenot et autres ; environ soixante pièces.

466 — **Album** de vignettes, gravées par de Longueil. Estampes d'après Rembrandt et autres ; environ soixante-dix pièces.

467 — **Bénard** (A.) Recueil de croquis à la plume, et au lavis d'encre de Chine ; environ deux cent cinquante pièces.

468 — **Chappuis.** (Gabriel) Histoire générale de la guerre de Flandre, divisée en deux parties, contenant toutes les choses mémorables advenues en icelle depuis M. D. LIX jusqu'à présent. *Paris, chez Albert Foüet*, 1633, 1 vol. in-folio, figures et plans, rel. veau antique. . . . .

469 — **Charlet.** Vie civile politique et militaire du caporal Valentin, mise au jour par son ami Charlet. *Paris, Gihaut*, s. d. Titre et cinquante planches ; cartonné. . . . .

470 — **Cochin.** (d'après C. N.) Suite de un frontispice et quarante figures in-4 pour la Jérusalem délivrée ; cartonné. . . . . .

471 — **Eaux-fortes modernes**, publiées par la Société des aquafortistes, deuxième année, Cadart et Luquet, s. d. (1864), in-folio cartonné. . . . .

472 — **Emblème de l'amour divin.** *A Paris, chez P. Landry*, s. d., 1 vol. pet. in-8, rel. veau. . . . .

473 — **Flavius Josephus**, (Alle de Werken Van) in-folio fig. cartonné. . . . .

474 — **Gems of European arts.** The best pictures of the best Schohl, édited by J. C. Hall. esq., F. S. A. *London, George Virtus*, 1846, in-4 cartonné. . . . .

475 — **Lafontaine.** (Fables de) Recueil, contenant un portrait et quatorze vignettes têtes de page d'après Moreau le Jeune. Ed. Rouquette, tirages à part, en bistre. — Un portrait et soixante-douze figures d'après Oudry. Ed. Lemerre, épreuves avant la lettre, tirage à la sanguine. — Soixante vignettes d'après Desenne. Ed. Nepveu, épreuves en double état, eau-forte pure et avec la lettre, sept pièces diverses. Le tout relié en un volume gr. in-8, dem. rel. chag. rouge avec coins. . . . .

476 — **Lecomte.** (H^{te}) Costumes civils et militaires de la monarchie française, depuis 1200 jusqu'en 1820, titre et environ cent quatre-vingts planches coloriées, dem. rel. basane. . . . .

477 — **Le Prince.** (J.-B.) Divers ajustements et usages de Russie, dédiés à M. Boucher, titre et soixante-huit planches, in-4, dem. rel. . . . .

478 — **Manuscrit.** Hauts grades de la maçonnerie écossaise, titre gravé, figures et emblèmes dessinées à l'aquarelle et à l'encre de chine, in-4, maroq. rouge. (Rel. anc.) . . .

479 — **Manuscrit.** Voyage d'Italie en l'année 1787, orné de vingt et un dessins à l'aquarelle, in-4, maroq. rouge, t. d. (Rel. anc.) . . . .

480 — **Meteren.** (Emmanuel de) L'histoire dès Pays-Bas, ou recueil des guerres et choses mémorables advenues tant ès dits Pays, qu'es Pays voisins, depuis l'an 1315 jusques à l'an 1612. La Haye, 1618, 1 vol. in-folio, figures, rel. veau antique. (Ex-Libr. Michau de Montaran) . . . . .

481 — **Monnaies**. Déclaration du Roy portant que les monnaies d'argent légères ne seront exposées que par leur juste prix, selon leur poids et titre. *Paris*, 1641. — Grand tarif ou évaluations du prix du marc, des écus, pistoles d'Espagne, etc. Paris. 1641, deux ouvrages en 1 vol. in-8, rel. veau. . . . .

482 — **Pierrot**. (Le) Journal, illustrations de Willette : Première année 1888, numéros 1 à 26 ; deuxième année 1889, numéros 1. à 23 ; troisième année, numéro spécial du 5 mars 1891, et celui du 20 mars, à Théodore de Banville. Le tout réuni en album, dem. rel. toile avec coins, n. rog. . . . .

483 — **Plan** général de la ville de Mantes. avec ses nouveaux ponts et leurs abords, d'après J.-F. Eustache de Saint-Far, in-folio, cartonné. . . . .

484 **Tardieu**. (Ambroise) Iconographie universelle ancienne et moderne, ou collection des portraits de tous les personnages célèbres, dessinés et gravés par Amb Tardieu, 1824, cinquante portraits, relié. . . . .

485 — **Vindex**. (Le citoyen) Histoire de la famille Bonaparte recueil de chansons, caricatures, portraits. etc., 1 vol. gr. in-8, dem. rel. maroq. rouge avec coins, tr. dor., non rogn. . . . .

486 — **Voltaire**. La Henriade, *Paris*, *Garnier frères*, s. d., orné de dix figures d'après Eisen, et trente-six portraits différents, in-12, dem. rel., maroq. rouge avec coins, tr. dor., non rogn. . . . .

Paris. — Imp. PAIRAULT & Cie, 3, passage Nollet. — 2559

www.ingramcontent.com/pod-product-compliance
Ingram Content Group UK Ltd.
Pitfield, Milton Keynes, MK11 3LW, UK
UKHW032009260826
14628UKWH00005B/2387

9 782329 502182